UN MOT

SUR

L'ARCHÉOLOGIE ORIENTALE

PAR

M. L. VITET

DE L'ACADÉMIE FRANÇAISE

EXTRAIT DE LA *REVUE DES DEUX MONDES*

LIVRAISON DU 1ᵉʳ JUIN 1868

PARIS

IMPRIMERIE DE J. CLAYE, 7, RUE SAINT-BENOIT

1868

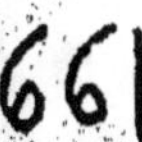

UN MOT

sur

L'ARCHÉOLOGIE ORIENTALE.

Manuel d'Histoire ancienne de l'Orient jusqu'aux guerres médiques,
par M. François Lenormant, 3 vol. in-18; Paris 1863, Lévy, rue de Seine, 29.

L'Orient sortira-t-il du long sommeil où il languit? Cette terre enchantée, berceau de notre race, cessera-t-elle d'être stérile et morne comme un tombeau? Ses habitans reprendront-ils leur part de vie et d'influence dans les affaires humaines? On est tenté de l'espérer quand on voit les merveilles dont ce sol est témoin, les découvertes inouies qui depuis cinquante ans mettent au jour et font toucher au doigt ses monumens et son histoire. Comment croire que la Providence l'ait pour toujours abandonnée et lui refuse tout avenir quand elle prend de tels soins à restituer son passé? Assurément depuis un demi-siècle le monde a vu bien des prodiges : certains agens mystérieux ont centuplé la puissance de l'homme, il voyage et transmet sa pensée d'un bout du globe à l'autre avec une rapidité qui tient de la magie, les rayons du soleil font office en ses mains d'obéissans dessinateurs, la chimie, la physique, lui soumettent à l'envi les forces les plus rebelles, et subordonnent à son usage les auxiliaires les plus inattendus;—eh bien! pour nous toutes ces conquêtes sont un genre de miracle moins étonnant peut-être que la révolution archéologique dont l'Orient est le théâtre.

C'est de Champollion qu'est parti le mouvement, c'est par lui que tout a commencé. Le premier signal du réveil remonte bien à notre expédition d'Égypte; le point de départ des découvertes vient tout entier de Champollion. Par ce trait de génie qui assure à son nom un éternel honneur, ce n'est pas seulement sur l'Égypte qu'il a porté la lumière. La clé des hiéroglyphes une fois retrouvée, l'exemple ainsi donné, ce premier voile déchiré, les esprits en travail, tout devenait possible : il n'y avait plus d'énigme impénétrable. Quant à l'Égypte même, l'événement a dépassé, et de beaucoup, les prévisions de Champollion et les calculs de l'Europe savante applaudissant à ses premiers efforts. On pouvait croire que ces signes bizarres n'exprimeraient, à en juger par le caractère même des monumens dont ils tapissent les parois, que des formules générales, des vérités impersonnelles, des sentences, des lois, de solennels témoignages d'une antique sagesse; on ne s'attendait pas aux notions les plus particulières, les plus variées, les plus anecdotiques, aux plus précises informations, aux documens les plus officiels. Les monumens de la vallée du Nil ont donc donné bien au-delà de ce qu'on s'en promettait; ils ont raconté tant de faits, tant de dates, tant de détails, qu'il en résulte un fonds complet d'histoire, et qu'après trente ou quarante ans à peine, encore presque au début de cet immense déchiffrement, on en sait déjà plus sur les temps les plus reculés de cette mystérieuse Égypte, on voit plus clair dans ses primitives annales que dans certains préludes de notre propre histoire d'Occident.

Le dédale des dynasties, par exemple, inextricable jusque-là, commence à s'éclaircir. Nous connaissons, à peu de choses près, toutes ces familles, toutes ces tribus royales, de sang, de race, de pays différens, qui chacune pendant deux ou trois siècles ont régné sur l'Égypte. Se sont-elles toutes succédé? N'en est-il point qui furent contemporaines? N'y a-t-il pas eu des temps où les rives du Nil, coupées en divers tronçons, en royaumes distincts, ont vu

régner en même temps, à Memphis, à Thinis, à Thèbes, plusieurs
de ces familles, — ce qui permettrait d'attribuer à la royauté égyptienne une durée moins prodigieuse que si l'on range l'une après
l'autre ces trente et une dynasties? La conjecture semble plausible,
seulement on répond qu'à compter de la sorte ce n'est plus trente
et une, mais soixante-six dynasties qu'il faut énumérer. La ques-
tion reste donc douteuse et ne sera tranchée que par de nouvelles
découvertes. Ce qui est au contraire déjà tout éclairci et autrement
important, ce qui nous ouvre des perspectives vraiment nouvelles,
c'est la preuve désormais acquise qu'à certains intervalles l'Égypte
a été la proie de peuplades barbares qui l'ont envahie, saccagée,
asservie, et fait descendre de la plus splendide civilisation à un
état inculte et dévasté. Deux fois l'empire des pharaons a passé
par ce cataclysme, et deux fois, après des siècles de sommeil, il
s'est relevé et a reconstruit l'édifice d'une nouvelle civilisation.
De la vi⁰ à la xi⁰ dynastie, laps de temps considérable, l'éclipse
semble totale, l'Égypte n'existe plus, elle est comme rayée du
rang des nations, et, quand elle se réveille, c'est sur de nouveaux
frais, presque sans traditions, qu'il lui faut reprendre sa marche
et renaître à la vie. Sous la xii⁰ dynastie, elle semble atteindre
l'apogée de sa splendeur, et dès la xiii⁰ elle retombe : mêmes dé-
sastres, mêmes dévastations. Les pasteurs frappent de mort la
contrée; puis peu à peu, au contact des vaincus, ils se civilisent à
leur tour, et, après mille péripéties, avec la xviii⁰ dynastie, recom-
mence une ère nouvelle d'éclat et de prospérité, la plus célèbre
époque de l'Égypte. Seulement ces deux grandes renaissances, dé-
signées aujourd'hui par ces noms de *moyen* et de *nouvel empire*,
tandis que par *ancien empire* on indique la civilisation primitive,
ont cela de particulier que les sculptures qui en proviennent, bien
que plus raffinées et plus savantes peut-être, sont moins souples,
moins vraies, moins conformes à la nature, moins librement con-
çues et exécutées que celles de l'époque antérieure. Elles trahissent
une influence sacerdotale plus souveraine et plus dominatrice. Évidemment c'est par les prêtres, par les castes religieuses que pen-

dant les temps de ténèbres le feu sacré se sera conservé, et, en ressuscitant leur patrie, les prêtres chaque fois auront pris plus de précautions pour fonder leur pouvoir sur une obéissance plus aveugle et plus absolue. Aussi tandis qu'en général, chez tous les peuples dont il nous reste des vestiges, il faut remonter aux premiers siècles pour que l'art, affublé de liens hiératiques, contracte cette raideur, cette immobilité, cette déformation conventionnelles dont il ne s'affranchit plus tard qu'au moment de passer à la liberté, ici c'est le contraire : la liberté, la vie, le simple, le naturel, apparaissent au début, ou tout au moins dès les temps les plus reculés dont on conserve la mémoire, et c'est après de longs siècles que la bizarrerie, la convention et l'immobilité s'établissent despotiquement.

Sans l'irrécusable témoignage des inscriptions hiéroglyphiques, aurait-on jamais soupçonné un tel renversement des lois les plus constantes et les plus universelles? Cette figure accroupie, ce sténographe en action, saisissant comme au vol de son pénétrant regard et traduisant du même coup sur ses tablettes les paroles qu'il entend dire, cette ravissante sculpture, un des trésors les plus exquis de notre musée du Louvre est donc l'œuvre d'un art primitif et de deux mille ans peut-être plus ancienne que ces géants de basalte, ces personnages fantastiques, monstrueux, pétrifiés, que vous voyez à quelques pas plus loin! S'il n'existait qu'un seul exemple d'une telle anomalie, nous ne répondrions pas d'y croire, malgré l'autorité des inscriptions; mais elle est attestée par maint autre monument non moins extraordinaire, et l'année dernière, à Paris, la libéralité du vice-roi d'Égypte a rendu ce service à la science que la vérite de cette anomalie a été démontrée par preuves authentiques à tous les visiteurs de l'exposition universelle. Avoir vu de nos yeux cette statue de bois si vraie, si simple, si naïve, d'une bonhomie si franche, d'une exécution si parfaite, d'un *réalisme* si heureux, et savoir, à n'en pas douter, que l'auteur de cette œuvre a vu de son vivant hisser les pierres, dresser les gigantesques masses des grandes pyramides, qu'il sculptait il n'y a pas moins de cinq mille ans, sous la ve ou la vi^e dynastie, c'est là un enseignement sans pareil, une leçon que rien au monde ne saurait remplacer. Ajoutez-y cet héritier de Champollion, cet infatigable chercheur, ce *cicerone* incomparable, M. Mariette, éclairant de ses savans précis, de ses obligeans commentaires tous ces échantillons du merveilleux musée dont il est le père, qu'il a deviné, cherché, exhumé pièce à pièce sous la croûte épaissie de sables séculaires; suivez-le, écoutez-le, soit devant ces vitrines où sont rangés tant de précieux bijoux, tant de trésors microscopiques, soit vis-à-vis de ces grandes et majestueuses statues, ou bien encore en face de ces peintures funéraires où les mœurs agricoles, les habitudes, les travaux, les instrumens favoris, les plaisirs, les friandises même des riches propriétaires égyptiens sont représentés dans les moindres détails avec une vérité saisissante, et convenez que cette terre d'É-gypte, grâce au concours de tant d'heureux prodiges, est devenue la terre promise de l'archéologie, la plus abondante mine qui se puisse exploiter dans le monde savant, et pour l'esprit historique et investigateur la plus séduisante nouveauté, le plus attachant exercice.

L'Égypte cependant, en fait d'exhumation de ce genre, n'est pas encore ce que l'Orient nous réservait de plus extraordinaire. Les monumens égyptiens, presque tous en granit, encore debout pour la plupart ou ensevelis seulement à moitié, laissent voir et pro-clament eux-mêmes leur antique splendeur; ces murs couverts de caractères si parfaitement visibles, de figures si soigneusement gravées, provoquaient chez les voyageurs une inquiète curiosité, même avant que la tentative d'en découvrir le sens fût encore conçue par personne. On pouvait donc à la rigueur entretenir l'es-poir qu'un jour viendrait où le mot de l'énigme serait enfin re-trouvé, et où la civilisation égyptienne laisserait percer ses mys-tères; tandis que cette autre civilisation non moins ancienne, non moins puissante, au dire des historiens de l'antiquité grecque et romaine, tant célébrée par eux, si pleine de merveilles, la civilisa-tion de l'Assyrie, les splendeurs de Ninive et de Babylone, qu'en restait-il, et qu'en pouvait-on croire? quel commencement de preuves, quel fragment, quel indice? De la poussière, du sable et rien de plus, — rien, pas même l'indication certaine des lieux où avaient existé ces deux grandes rivales. Ce n'étaient pas comme Thèbes et Memphis des villes de granit, c'étaient des cités de briques à revêtemens de marbre : autres matériaux, autres ruines. Dans ces immenses plaines onduleuses, on voyait bien çà et là des monticules dont le profil un peu plus relevé trahissait des amas de débris; mais le sable couvrait et arrondissait tout cela; rien d'anguleux, rien d'apparent n'attirait le regard et n'excitait chez les rares voyageurs traversant ces déserts la moindre curiosité.

Il fallait donc une étrange fortune, un coup du ciel pour que ce sol fût interrogé : la chance naturelle était que la pioche ne l'entamerait jamais, et que ce monde finirait sans que l'emplacement des deux villes fût seulement reconnu. Eh bien! allez au Louvre, allez au *British Museum*, voyez ce que depuis vingt-cinq années ces deux grands dépôts ont acquis de documens, de témoignages, de preuves palpables et authentiques sur l'Assyrie, sur ses mœurs, ses arts, son culte, sa civilisation! Voyez comme ces sculptures sont intactes et conservées! Quelle fraîcheur, quelle vivacité d'arêtes! Elles ont franchi tous ces milliers d'années, conservées dans ce sable comme dans du coton! Rien n'y manque, depuis les colosses fantastiques moitié hommes, moitié taureaux, les lions en combat avec l'homme et tous les autres mythes des dogmes asiatiques, jusqu'aux scènes les plus variées de la vie sociale, la guerre, la chasse, la pêche, la moisson, la construction des édifices, l'érection des monolithes, toute l'histoire d'un peuple, en un mot sa légende en action, sa vie la plus intime. Jamais par un coup de théâtre on n'est passé d'une nuit plus profonde à de plus complètes clartés. Et ce ne sont pas seulement des documens plastiques, des silhouettes, des corps, des images en relief, que sous ces monticules M. Botta, M. Layard, M. Loftus, sont allés découvrir; ils ont fait aussi ample récolte de monumens écrits. Des inscriptions innombrables couvraient ces pans de murs restés debout et exhumés par eux, inscriptions qu'au premier abord on put croire encore plus mystérieuses et plus indéchiffrables que les hiéroglyphes de l'Égypte, tant la bizarrerie et l'apparente confusion de ces caractères cunéiformes semblaient défier la patience des plus sagaces et l'habileté des plus persévérans; mais rien ne résiste aux procédés de la méthode moderne : après quelques années, l'obstacle était franchi; l'Assyrie avait ses Champollion. Burnouf, quand la mort le surprit dans sa vaillante course, était déjà sur la voie : sir Henry Rawlinson, le docteur Hincks, M. Oppert, sont allés plus avant, jusqu'au cœur de la place. Le système graphique des bords du Tigre et de l'Euphrate leur a livré sa clé. On lit aujourd'hui couramment et d'après des principes certains ces annales gravées sur le marbre, gazettes lapidaires où les rois font eux-mêmes le récit de leur règne, de leurs exploits, de leurs conquêtes et même aussi de leurs cruautés. De ces documens officiels ressortent pour la critique des élémens absolument nouveaux, et par exemple certains événemens dont nous parle la Bible dans le livre des *Rois*, vous les retrouvez là racontés à l'assyrienne, d'un point de vue tout différent, ce qui n'empêche pas que, si la véracité de la sainte écriture avait besoin d'être attestée, ces deux récits mis en regard en seraient la confirmation la plus sûre et la plus éclatante.

C'est donc une conquête inestimable avant tout pour l'histoire, l'histoire des faits, que cette révélation de la civilisation assyrienne, et pour l'histoire de l'art encore plus hors de prix. Il y a là un problème, l'origine de l'art grec, énigme impénétrable, qui tout à coup s'est trouvé résolu. Chercher cette origine sur le sol égyptien, c'était perdre sa peine, tandis qu'en Assyrie la source saute aux yeux. C'est bien de là qu'est sorti ce grand art, la filiation est manifeste. Ces sculptures de Ninive n'ont pas encore reçu le rhythme délicat, les proportions et la juste mesure que le génie grec leur prépare; mais en dépit de la part faite aux dogmes, et à côté des moins humaines hyperboles, des plus monstrueux accouplemens, c'est déjà le même coup de ciseau, le même don d'observation, la même sûreté, la même finesse dans l'expression des détails de la vle. Vous la suivez, cette influence assyrienne, descendant par l'Asie-Mineure de proche en proche jusqu'au littoral, s'établissant parmi les tribus helléniques répandues sur la côte, gagnant les îles, puis la Grèce elle-même, et quand les colons lydiens, poussés de plus en plus vers l'extrême Occident, abordent en Italie, c'est encore cette même influence, c'est l'école des sculpteurs assyriens qui au pied de l'Apennin engendre l'art étrusque, c'est elle seule qui permet de comprendre ce style inexplicable, à la fois lourd et subtil, charmant et grossier, mélange indéfinissable de rudesses alpestres et de mollesses asiatiques.

Et ce n'est pas assez que ces deux grands foyers du génie humain primitif, les deux plus vieux empires du monde, se soient ainsi ouverts à nous et que nos yeux y plongent jusqu'au fond; dans tout le reste de l'antique Orient, nous avons eu presque la même chance. Depuis les bords du Gange et l'immense famille indienne dont l'étude des Védas a renouvelé l'histoire, depuis les Mèdes et les Perses, ces autres grands essaims de la ruche âryenne, jusqu'à des groupes moins puissans, bien que d'un caractère non moins original, les Phrygiens, les Lyciens par exemple, — de tous côtés se sont produites des clartés imprévues, de vraies révélations qu'il faudrait, pour bien faire, raconter à loisir, et qu'on ne peut ici qu'indiquer en passant; mais, de toutes ces victoires de l'archéologie moderne, la plus attachante peut-être, en même temps que la plus compliquée, est celle qui nous introduit dans cette langue de terre étroitement resserrée entre la mer et le Liban, dans cette Phénicie, puissance étrange dont l'histoire, la langue, les mœurs, les monumens étaient naguère encore le désespoir des plus savans, peuple à part dans l'antiquité, navigateur et commerçant, industrieux, cosmopolite, père des Carthaginois, prototype des Vénitiens, de la ligue hanséatique, de la Hollande et de l'Angleterre, inventeur et propagateur non-seulement de la pourpre et des plus fins tissus, mais de l'instrument le plus actif et le plus nécessaire de toute civilisation, l'alphabet. L'Égypte et l'Assyrie une fois retrouvées, il fallait bien que la Phénicie fût découverte à son tour. Elle était nécessaire à ces deux grands empires aussi bien aujourd'hui qu'il y a quatre mille ans, nécessaire à nous en faire comprendre les différences et les analogies, comme elle le fut jadis à les aider dans leurs échanges et à satisfaire leurs besoins. Bien que profondément original et tout à fait distinct des Égyptiens et des Assyriens, le peuple phénicien, dans les fragmens qui nous en restent, reflète de la façon la plus sensible, la plus curieuse à étudier, les caractères essentiels et entièrement divers de ces deux civilisations que, par sa position géographique aussi bien que par son génie propre, il était appelé à fondre, à concilier, et dont il fut en quelque sorte le courtier et l'entremetteur.

Ainsi partout en Orient la vue directe des monumens originaux a fait en moins d'un demi-siècle une archéologie et une philologie nouvelles : que s'ensuit-il? Que dans ce même Orient l'histoire aussi est à refaire. Non que tout soit apocryphe et digne de dédain dans les anciens récits classiques dont s'est nourrie notre jeunesse; loin de là, les témoignages les plus récens de l'archéologie démontrent clairement qu'Hérodote a vraiment voyagé, que tout ce qu'il a vu de ses yeux, soit en Égypte, soit en Asie, les traits de mœurs, les usages locaux, il les a peints et décrits avec une exactitude aussi scrupuleuse que charmante; mais ce qu'il n'a pas vu, ce qu'il s'est laissé dire, les traditions dont il n'est que l'écho, les dates, les noms propres, l'ordre des règnes, toutes ces données positives de l'histoire ne sont guère chez lui que des notions confuses, d'informes documens transmis et acceptés sans examen et sans critique. Il ignorait la langue du pays et vivait dans un temps où les vieux souvenirs dont lui parlaient ses guides étaient déjà presque effacés. Ne cherchez dans son œuvre que des croquis de voyage d'une couleur délicieuse et l'art incomparable de la narration. Quant à l'autorité de Diodore de Sicile, elle est certainement encore plus contestable, car il n'a pas de sa personne visité les pays dont il parle. C'est un compilateur plus ou moins érudit, et les données qu'il nous transmet, il les a prises de toutes mains. Le seul écrivain grec qui ait parlé, non pas de l'Orient en général, mais de l'histoire d'Égypte, avec assez d'exactitude, est un contemporain de Ptolémée Philadelphe, le prêtre Manéthon, peu consulté, peu goûté de nos pères, qui redoutaient sa sécheresse et le tenaient pour suspect de chronologie fabuleuse, tandis qu'en confrontant ses dates et ses récits avec les témoignages hiéroglyphiques on reconnaît aujourd'hui qu'il est le plus souvent d'une entière véracité. Mais que peuvent quelques fragmens épars de cet Alexandrin pour remplir les lacunes, pour parer aux erreurs de nos historiens de l'antique Orient? Il y faut un autre secours. Dans ce vaste domaine, tout est à faire, tout est à dire, tout est à rectifier.

Ce n'est pas seulement la jeunesse de nos écoles qu'il est urgent d'initier à ces sortes de nouveautés, le public, les gens du monde, ont droit à demander aussi qu'on les aide en ce point à refaire leur éducation. Songez qu'ils en sont restés presque tous à Rollin, et que Rollin, quand il parle de l'Orient, fourmille d'anachronismes et de méprises de tout genre, très excusables de son temps, impardonnables du nôtre. Songez qu'à le prendre à la lettre, en matière de dates et de dynasties, on en vient forcément à des bévues non moins risibles que si, dans notre histoire de France, on faisait d'Henri IV le précurseur de Charlemagne, ou bien de Louis XIV l'héritier de Napoléon.

Évidemment de telles méprises ne peuvent se perpétuer longtemps; le règne en doit finir, une réforme est nécessaire. Seulement qui s'en chargera? Quel est le Rollin nouveau qui voudra bien nous raconter avec ampleur et détails la vie de tous ces peuples? cette grande histoire primitive, point de départ de toute autre histoire? Quel est celui qui par lui-même vérifiera les témoignages de tous ces monumens, les résultats acquis sur tant de points divers, dans tant de branches d'érudition? combien de vies lui faudrait-il pour mener à bout l'entreprise? Et, à supposer même qu'un tel livre, si long, si difficile, presque impossible à terminer, nous fût donné jamais, aurait-il des lecteurs? Le temps de si vastes lectures n'est-il pas à peu près passé? A mesure que le savoir humain élargit son domaine, à mesure qu'il étend ses rameaux en quelque sorte à l'infini, le public ne sait plus que faire pour se tenir seulement au courant. Il lui faut de toute nécessité des procédés expéditifs. Déjà pour les sciences physiques il en est largement pourvu. Les résumés, les exposés, les causeries, les conférences, les traités portatifs, presque complets, bien que sommaires, intelligibles, bien que techniques, se multiplient et se répandent dans tous les rangs de la société : de là toute une source de faveur populaire. Sans savoir précisément grand'chose de chimie, de physique, d'astronomie, d'histoire naturelle, le public aujourd'hui, sur toutes ces sciences, a des notions qui lui permettent de n'être pas étranger et de prendre intérêt aux incessans progrès qu'il voit s'y accomplir.

Tel serait aussi le service que nous réclamerions pour l'histoire de l'ancien Orient régénérée par l'archéologie. Déjà des tentatives se sont produites en ce genre; mais ces essais, dignes d'estime sur bien des points, ne sont ni assez récens, ni conçus sur un plan assez large pour comprendre toutes les découvertes qu'il s'agit de vulgariser. C'est donc une entreprise utile à tous égards et opportune au premier chef que le *Manuel d'histoire ancienne de l'Orient* que vient de publier un jeune archéologue déjà connu par les travaux les plus solides, par la plus vive intelligence de ces sortes de questions, et personnellement versé dans les sujets d'érudition si variés et si disparates qu'implique cette publication. M. F. Lenormant croit pouvoir affirmer que son œuvre est non pas sans fautes et sans imperfections, mais presque sans lacunes, qu'elle est, à l'heure où nous voici, le résumé complet de l'état des connaissances historiques sur ce sujet immense. Personne malgré son âge, et si accablant que semble un tel labeur, ne pouvait mieux que lui tenir cette gageure. N'est-il pas, presque depuis l'enfance, rompu aux sérieux exercices de l'archéologie et de la philologie par les leçons et l'exemple d'un père qui, lui non plus, n'épargnait pas sa peine, un des esprits les plus prompts et les plus fertiles dont se soit honorée l'érudition de notre temps?

La méthode du jeune auteur est simple et didactique. Il fait autant de chapitres distincts qu'il y a de groupes de population dans cette famille orientale dont il nous résume les annales rectifiées; ce sont d'abord les Hébreux, puis les Égyptiens et les Assyriens; il passe ensuite aux Babyloniens, aux Mèdes et aux Perses, et finit par les Phéniciens. Pour chaque groupe, il commence par exposer la situation géographique des lieux dont il va parler, passe ensuite au récit des faits, et finit par un coup d'œil sur les mœurs, les usages, les arts, les monumens. Son style est clair et facile, sans prétention et sans effort. Peut-être en Allemagne lui reprocherait-on de n'avoir pas au bas de chaque page produit ses sources et ses autorités. Il répondrait que ses deux volumes, déjà compactes tels qu'ils sont, le seraient encore bien davantage et se transformeraient en trois ou quatre tomes, s'il les avait amplifiés de cet accompagnement, au grand effroi peut-être de nos lecteurs français et sous peine de perdre le caractère à demi populaire qu'il est bon d'assurer à ce genre de publications.

Ce n'est donc pas là, chez nous, le genre d'écueils que nous craignons pour lui. Nous supposons plutôt qu'auprès de bien des gens il aura peine à se faire pardonner la liberté très grande qu'il prend au sujet de la Bible, ne faisant pas le moindre effort pour mettre à tout propos les monumens et les inscriptions en contradiction apparente avec elle, cherchant plutôt les concordances et se félicitant de les trouver si manifestes et si nombreuses. C'est là, dit-on, grâce au vieux préjugé qui veut absolument faire de la science et de la foi deux irréconciliables ennemies, c'est là manquer de liberté d'esprit et déserter la science! Il est vrai qu'un autre préjugé tout aussi raisonnable pourrait bien menacer l'auteur et son savant manuel. Il y a certains croyans qui s'effaroucheront peut-être de le voir, par respect pour des faits pertinens et d'invincibles preuves, hasarder sans hésitation certaines assertions soi-disant téméraires et n'en chercher la concordance avec le texte sacré que dans une saine interprétation, admettant, comme Cuvier, par exemple, que la Genèse, en son langage figuré, ne doit pas être prise à la lettre, et que les jours dont elle nous parle sont des périodes séculaires composées de milliers d'années.

Nous ne demandons pas d'autre preuve de la bonne direction,

de la voie juste et droite adoptée par le jeune écrivain, que ces attaques contradictoires l'assaillant à la fois et se réfutant l'une l'autre. Que les plus orthodoxes aussi bien que les plus jaloux de la liberté de leur raison abordent sans préjugé ni crainte ce sincère et fidèle tableau. Devant le vaste ensemble et la longue série de ces sociétés si jeunes et déjà si puissantes, si expérimentées, si habiles, ce qui nous étonne le plus, ce n'est pas qu'elles aient existé, c'est que, tant de siècles après leur mort, si profondément enfouies, elles soient ainsi rendues à la lumière. Ne semblerait-il pas, quand l'homme résout de tels problèmes, déchiffre de telles énigmes, et fait sortir de la poussière et des décombres des témoignages si vivans, qu'il est en droit de tout vouloir, de tout interroger et de tout espérer? N'est-il pas excusable, encouragé surtout par tant d'autres triomphes sur le terrain des sciences physiques, de se persuader qu'avec un peu d'efforts, par sa propre vertu, il peut viser plus haut, lire dans sa destinée et pénétrer au fond des choses? Eh bien! pour nous, c'est le contraire : plus nous voyons ces sortes de merveilles, plus nous sentons qu'il en existe d'autres, qu'un voile impénétrable nous en sépare en cette vie, et que, devant ces autres hiéroglyphes, il n'y a ni papyrus, ni zodiaque, ni pyramides, ni statues, ni vases, ni bijoux qui puissent nous en livrer la clé.

PARIS. — J. CLAYE, IMPRIMEUR, 7, RUE SAINT-BENOIT. — [761]